잠들지 못하는 자의 밤은 길고

시작시인선 0554 잠들지 못하는 자의 밤은 길고

1판 1쇄 펴낸날 2025년 11월 28일

지은이 전인
펴낸이 이재무
기획위원 김춘식, 유성호, 이형권, 임지연, 차성환, 홍용희
편집 이호석, 박현승
편집디자인 김지웅, 장수경
펴낸곳 (주)천년의시작
등록번호 제301-2012-033호
등록일자 2006년 1월 10일
주소 (03132) 서울시 종로구 삼일대로32길 36 운현신화타워 502호
전화 02-723-8668
팩스 02-723-8630
블로그 blog.naver.com/poemsijak
이메일 poemsijak@hanmail.net

ⓒ 전인, 2025, printed in Seoul, Korea

ISBN 978-89-6021-834-5 04810
　　　978-89-6021-069-1 (세트)

값 11,000원

*이 책 내용의 전부 또는 일부를 재사용하려면 반드시 저작권자와 (주)천년의시작 양측의 동의를 받아야 합니다.
*잘못된 책은 바꾸어 드립니다.
*지은이와 협의하에 인지는 생략합니다.

잠들지 못하는 자의 밤은 길고

전인

천년의
시 작

* 3, 4부는 시집 『지친 자의 길은 멀다』(2020년)에서 가려 뽑아 재수록했습니다.
 * 이 시집에 나온 토박이말 뜻풀이는 『사전에 없는 토박이말 2400』을 참고했습니다.

시인의 말

살면서 봄여름가을겨울 다 겪었다.
그러고 드는 생각은 지금 여기!
곧바로 우리 삶의 일상日常이다.
젊은 날에는 때깔도 안 나는 일상이 지겨워
맨날 같은 밥만 먹냐고 투정도 부리고
반짝거림에 홀려 한눈도 팔고 다녔다.
그러다 나이 들어 몸이 말을 하기 시작하면서
다시 일상의 의미를 헤아려보게 되었다.
꾸밀 수 없는, 사람의 뒷모습이 진면목이듯
생활이든 수행이든 예술이든 종교든 결국,
일상에서의 행行이 그 사람의 모든 것이다.

아아, 부처님의 탄식(偈頌)처럼
잠들지 못하는 자의 밤은 길고
지친 자의 길은 멀구나.

2025년 늦가을
계룡산을 바라보며 전 인

차 례

시인의 말

제1부 잠들지 못하는 자의 밤은 길고

봄 길 ──── 13
생명의 힘 ──── 14
푸성귀 이파리 하나 ──── 15
절하고 싶은 날 ──── 16
흙 묻은 손이 마음을 어루만진다 ──── 17
오월 봄 산 ──── 18
교감交感 ──── 19
산 밭 ──── 20
욕으로 지은 집 ──── 21
열무밭 ──── 22
고구마밭에서 ──── 23
걸레 ──── 24
마타리꽃 ──── 25
고독사 ──── 26
가랑잎 ──── 27
누군가는 ──── 28
호강한 날 ──── 29
어디서 무엇이 되어 다시 만나랴 ──── 30
강물 편지 ──── 31
그 집 ──── 32
연애 고샅 ──── 34

제2부 잠들지 못하는 자의 밤은 길고

나를 키운 것 ——— 37
주소 ——— 38
계족산 황톳길 2 ——— 39
실버들 가지 ——— 40
새싹 하나 ——— 41
보살피다 ——— 42
그릇 ——— 43
역마살 ——— 44
산을 오르며 ——— 45
딱따구리 ——— 46
우리 제자 ——— 47
하루 ——— 48
개심사 ——— 49
제주 돌담길 걸으며 ——— 50
사람 人 ——— 51
천등산天燈山 ——— 52
늙은 호박 두 통 ——— 53
안부 ——— 54
그런 사흘 ——— 55
유언 ——— 56
금강 ——— 57
마음 하나 툭 터지면 ——— 58
시인 ——— 60

제3부 지친 자의 길은 멀다

지친 자의 길은 멀다 ——— 63
어깨 ——— 64
아내 ——— 65
밥 ——— 66
저녁 햇살 ——— 67
눈물 ——— 68
냉장고 문 앞에서 길을 잃다 ——— 69
늦사과꽃 ——— 70
못 ——— 71
한 짐 ——— 72
벌새 ——— 73
화두話頭 ——— 74
가을 강 ——— 75
나는 ——— 76
계족산 황톳길 ——— 77
전화번호 ——— 78
첫눈 오시는 밤 ——— 79
겨울 눈 ——— 80
봄날 ——— 81
봄날은 간다 ——— 82

제4부 지친 자의 길은 멀다

엽서 ——— 85
산다는 것 ——— 86
참선하는 시계 ——— 87
근심을 풀다 ——— 88
하나로 묶인다 ——— 89
황홀 ——— 90
아저씨의 틀니 ——— 91
금마타리꽃 ——— 92
봄비 ——— 93
애장터에서 ——— 94
고향 ——— 95
낮술 ——— 96
수복이 아버지 가시던 날 ——— 97
폭설暴雪 ——— 98
소금 창고 ——— 99
임리의 봄 ——— 100
운태 영감 ——— 101
운태 영감 2 ——— 102
저녁 ——— 103
벽지僻地 1 ——— 104
벽지僻地 2 ——— 105
벽지僻地 3 ——— 107

해 설

김종도 살그래 다가가 기대고 싶은 저녁 ——— 108

제1부　잠들지 못하는 자의 밤은 길고

봄 길

나한테
말 걸지 마라
지난 철부지 비상계엄에도
뭇 꽃 저리 피어나
새새대며* 옹알이하는 소리
시방,
허공 천지 한가득이다.

* 새새대며: 실없이 웃으며 가볍게 자꾸 지껄이며.

생명의 힘

밭 매다 언뜻 보니

내 새끼손톱맨치로 조그만 새잎이

제 덩치의 아홉 배는 좋이 되는

위에 덮고 있는 나뭇잎 하나를

두 손으로 번쩍 쳐들고 있다.

아, 그러고 보니

온갖 생명들 달라붙어

이 지구를 우주에 띄워놓았구나!

푸성귀 이파리 하나

싱크대에서 물 틀어놓고 푸성귀 씻다 보니
푸성귀 이파리 하나가 바가지 끝
흐르는 물살에 위태위태 매달려 있다.
그래, 젊은 너도 이승의 고단한 삶
그만 끝내려 하는구나
오늘 하루도 편의점 김밥 우걱우걱
씹으며 허겁지겁 한 끼 때우던 삶
이제 그만 내려놓으려 하는구나
얼른 수도꼭지를 잠그고
너를 보았다.

절하고 싶은 날

아침밥을 먹고 빈 그릇을 씻으면서
평소 끼니때마다 그렇게 밥을 챙겨
먹었으면서도 보이지 않던 밥그릇이
어느 날 문득 내 눈앞에 보였다.
고맙다 고맙다 고맙다
네가 있어 참 고맙다
무작정 아무에게나 절하고 싶은 날

흙 묻은 손이 마음을 어루만진다*

상추씨를 흙으로 덮으면서
그간 까칠했던 마음도 함께 덮는다

아욱씨를 흙으로 덮으면서
세상 모서리에 걸려 넘어져
멍든 상처와 마음도 함께 덮는다

생강을 묻고 흙으로 덮으면서
주변에 모질게 했던 마음도 함께 덮는다

어둑해 오는 텃밭 한구석
새소리 바람소리 법문 귀동냥하며
흙 묻은 손이 마음을 어루만진다

---

* 수 스튜어트 스미스가 지은 『정원의 쓸모 The Well Gardened Mind』라는 책(고정아 옮김)의 부제 '흙 묻은 손이 마음을 어루만지다'에서 빌려옴.

오월 봄 산

휴대전화도 노트북도
다 던져버리고 맨몸
으로 오월 봄 산 들어가니
초록이 나를 둘러 포위한다
그래, 내가 졌다
무릎 꿇고 어깨 힘도 다 빼고
오체투지로 기꺼이
초록에게 항복하고 싶은
오월 저 봄 산!

교감交感

　새로 이사 갈 집 보러 가서 아흔네 살 어머니 모시고 시내버스 정류장 알려 드리려고 함께 근린공원 걸어오는데, 문득 뒤가 허전해서 잠깐 뒤돌아보니 어머니는 저만큼 떨어져서 혼자 아장아장 걸어오신다. 내가 멈춰 기다리면서 바라보니, 어머니는 이쪽으로 걸어오면서 오래된 나무 만져도 보고 나무에게 뭐라고 중얼중얼하기도 하고 활짝 핀 목련꽃과 눈 맞추며 인사도 나눈다. 세상 바쁠 것 없다, 세상 바쁠 것 없다, 박새 한 마리 날아가며 소리 전하는 환한 벚꽃나무 아래 분분분 날리는 벚꽃잎처럼 어머니의 시간이 내 시간으로 슴배이는* 봄날 아침.

* 슴배이는: 스며 배이는

산 밭

장마 끝나고 산 밭에 가보니
칡넝쿨이 올봄에 심은
어린 감나무의 멱살을 잡고 있다.
그동안 쌓인 게 많았겠지
끙끙대며 삭인 게 있었겠지
그래, 알았다.
일단 멱살 놓고 말로 하자.
중중무진으로 마구 얽혀 있는
장마 뒤 산 밭
다들 사는 게 열심이구나.

욕으로 지은 집

아들과 함께 산에 생태 화장실을 짓던 날
목은 마른 데 가져온 물은 다 마셨고
해는 기울어 몸은 방전이 됐는데
지붕 덮는 데 재활용한다고 가져온 양철판
평소에 거뜬히 들던 그 무게도 만만찮아
의도대로 따라주지 않는다.
쓰던 못 바르게 펴서 다시 쓰자니
서툰 망치질에 금세 구부러져
끝내 시팔저팔 욕으로 지은 집
너 그래놓고 어디 가서
선생으로 퇴직했다고 하지 마라

열무밭

요즘 늙은 아내가 공부하기 바빠서
열무 뽑아다 김치 한번 담가먹고 놔둬
텃밭 곳곳이 열무꽃 천지다.
이웃들은 이런 내가 딱했던지
차라리 갈아엎고 다른 걸 심으라고 말하지만
글쎄, 내가 자꾸 망설이는 것은
그새 흰 열무꽃 사이사이
꿀벌 나비 달팽이 지렁이
온갖 중생들 바쁘게 한 살림 차렸기 때문이다.
내가 막돼먹은 철거반원처럼 마구
그들의 집 부술 수는 없지 않은가
한철 열심히 살아라
내 마음 바뀌기 전에

고구마밭에서

고구마 캐내고 나서
텅 빈 밭 바라보니
갈 것은 제각기 갈 데로 가고
돌아갈 것은 모두 돌아가
고구마밭 텅 빈 게 아니구나
각자 곳곳에 가득 차 있구나

이제까지 하늘 땅 사이 산목숨들
고구마 넝쿨 이랑 넘듯
우리 모두 이 한 세월 넘어왔구나
정육점 시퍼런 갈고리에 걸려
뚜욱, 뚜욱, 생피 흘리는
고깃덩이 같은 자본과 맞서
지금도 진땀 흘리며 넘고 있구나

걸레

사람의 어두운 흠집 감싸며 닦아

그 자리 환하게 드러내고는

구석에서 묵언 수행하는

저 걸레가 보살이다.

마타리꽃

절집 저녁 연기
지팡이 삼아
꼬리 잡고 따라가다 보니
풍경소리 소보록하게 쏟아지는
대웅전 뒤쪽
어둠 끝자리
아무도 몰래,
마타리꽃 한 송이가
등불을 걸고 있다.

고독사

모처럼 볕 좋은 날
잎 죄다 떨궈 보내고
감나무에 달린 저 붉은 감처럼
내려놓고 보면
혼자가 아니다.

내려놓기 아까워
혼자 다 들고 있어
끝내 고독한 죽음이다.

고독사는 없다.
가만히 내려놓고 보면
정말 가만히 내려놓고 보면

감나무 그림자 밑으로 저 멀리
더불어 돌아가는 길이 있다.
뭇 중생들 다리품 팔아 생긴 길이다.

가랑잎

복직투쟁 나섰던 해직 시절
끝내 경찰 닭장차에 실려
당인리 화력발전소 근처
가랑잎처럼 혼자 뿌려졌던 날
서울 지리도 모르는 촌놈
동지들 가뭇없어* 당황한 나를
그래도 늦가을이라고 가로수 잎사귀
찬바람 버티며 몇 잎 남아
그중 한 잎이 떨어져 내 등 툭 치며
나에게 먼저 손 내밀었다.
그때 길 돌아보니
고마웠다, 너로 인해 나는
다시 발 내디딜 수 있었구나.

* 가뭇없어: 간 곳을 알 수 없어.

누군가는

내가 사무실에서 업무를 볼 때
누군가는 복도를 닦는다.

내가 방에서 책을 읽을 때
누군가는 변기를 닦는다.

내가 밥을 먹을 때
누군가는 설거지를 한다.

나는 그동안
누군가의 산 생명을 먹어온 거다.

생전 무수한 밥 축낸 뒤에야
이 사실 알았다.

호강한 날

부처님 말씀을 읽다 눈이
침침해 잠시 창밖을 보니
아무도 없는 근린공원 한 귀퉁이
체육 실기시험이라도 있는지
어린 여학생 흘끔흘끔 주변 눈치 살피면서
혼자 배구공을 가지고
리시브 연습을 하고 있다.
하나 하고 올리면 튀어나가고
다시 하나 하고 올리면 튀어나가
연속 둘 이상을 잇지 못한다.
그 학생 누가 볼까 연신 고개 돌려 살피는데
그 모습에 나도 모르게 빵 터졌다.
눈 호강 마음 호강 제대로 한 날

어디서 무엇이 되어 다시 만나랴

김환기의 이 그림을 보다 보면

그가 먼 나라의 낯선 도시에서 견뎌냈을

남도 바다 쪽빛 그리움 건너

늦가을 찬 우물물 같은 슬픔이 만져진다.

안경 너머로 눈물이 뚬방뚬방 떨어져

흐려진 별들 얼굴 씻어주고

우주 허공 이곳저곳에 창문을 내

무수한 점을 찍어가다가

그는 마침내,

존재의 열반에 들었다.

강물 편지

바람 부는 날
어쩌자고 그리움에 강은
물결 일으켜 편지를 쓴다.
늘 바쁜 사람들은 홀린 듯
쫓기며 강과 눈 마주치지 않고.
사람들이 그 내용 알 수 없어 끝내
수취인 불명으로 되돌아온 편지들만
하얗게 물거품으로 쌓여 스러지고 있다.

그 집*

시 쓰는 청년들이 무시로 드나들던 집
때로 연인과 헤어진 청춘들이
술에 취해 어둠 속 길고양이 같은
속울음 깊게 토해내던 집
"나는 숨을 쉴 수 없어."**
질식할 것 같던 시대와
오지 않는 미래를 고민하던 집
언제나 문이 열려 있어 넉넉하던 집
천식 때문에 늘 숨이 그렁그렁하시던
늙은 할머니가 늦잠 자는 우릴 깨워
된장국 다순 밥 차려 주던 집
대전의 지사총 근처 용두동 그 집
안개에 조난 당한 밤 우리 흘러갈 때
등대처럼 불 꺼지지 않던 집
"나는 숨을 쉴 수 없어."
브룩클린으로 가는 비상구 같았던
우리들의 마지막 숨구멍 그 집!

* 이은봉 시인의 집으로, 닫혀있던 1970~80년대 〈삶의문학〉 동인들이 드나들며 신세를 많이 졌다.
** I can't breathe. 2020년 5월 25일 미국 미네소타주 미니애폴리스에서 경찰의 과잉 진압으로 흑인 남성 조지 플로이드가 사망할 때 호소했던 말.

연애 고샅

나주 옛 관아 담장 옆 골목길
이쁘기도 하지,
이름도 정겨운 연애 고샅 있다네
담장 따라 좁고 길게 난 길 따라가다 보면
남녀 서로 스쳐 주고받는 수작 없어도
오로지 은근한 눈빛 하나로
몸 가는데 마음도 따라가는 길
나주 옛 관아 담장 옆
눈에 담아 오고 싶은 연애 고샅길

제2부　잠들지 못하는 자의 밤은 길고

나를 키운 것

어느 시인은 8할이 바람이라 했고
어떤 평론가는 8할이 물음표라 했는데
문득, 나를 키운 것은 무엇일까
집 떠나는 아들 이삿짐 갖다주고 돌아오는 길
덕진공원 배롱나무 밑에서 한참을 생각하다
배고프면 먹고 졸리면 자는 것 사이
얽혀 있는 순간순간 무수한 관계들 아닐까
먼지에서부터 풀 나무 새 사람과 같은 인연들 아닐까
어느 날 아침 창가 나무에서 울다간 새 소리
그리하여 한때 나를 어루만져준 그런 것들 아닐까
덕진공원 배롱나무 밑에서 한참을 생각했다

주소

열네 번째로 이사를 하고
주민센터에 가 전입 신고서를 쓰면서
내가 나에게 물었다
지금 쓴 주소가 정말 내가 사는 곳이 맞는가
그동안 주변도 살피지 못하고 살기 바빠
정신없이 몸뚱이만 이리저리 오갔던 것은 아닌가

네 영혼의 집은 어디인가

전입 신고를 마치고 집으로 돌아오는 길
길가에 활짝 핀 영산홍들이
엄숙히 나에게 물었다.

계족산 황톳길 2

간밤에 내린 봄비로
발목까지 질척대는 황톳길
맨발로 걸어가다 보니 앞에 가는
어린애와 애엄마가 서로 실랑이한다
애엄마는 어린애를 미끄러워 넘어진다고
황톳길에서 마른 땅으로 데려가려 하지만
아이는 뿌리치고 넘어질 듯 기우뚱하며 걷는다
이럴 땐 그냥 지켜봐야 한다, 아이는 지금
길 끝에 보이는 세상과 맞서 걷는 것이다
그렇게 비틀거리며 걷다 발에 근육이 생기고
끝내 자기만의 균형을 잡으리라
이 조그만 아이가 세상의 균형을 잡기 위해
얼마나 많은 길들을 걸어야 할지 알 순 없지만
아이는 먼 훗날 스스로 알게 되리라
한 세상 건너가며 무수한 길 걸었으나
균형 잡기 그리 어렵다는 것을.

실버들 가지

연못가 한쪽 구석 실버들 가지
가벼운 바람에도 이리 휘청 저리 낭창
그게 무슨 일이나 할까 봤더니 글쎄,
조그만 개미 몇 마리가 일을 마치고
그 가지 길 삼아 집으로 간다.

월세든 전세든 자기 집이든 한평생
남의 집 지으며 타워크레인에 올랐다 내려와
실버들 가지 같은 길 건너
집으로 가는 사람이 있다.

새싹 하나

다람쥐가 겨울나려고
여기저기 묻어놓은 식량 더미
기억조차 놓아버린 그곳에서
싹이 나오듯
저 졸참나무 새싹 올라오듯,
우리 할머니 치매에 걸려
스스로를 놓아버린 그곳에서
싹이 나온다.
늘 걸치고 다닌 누더기처럼
한 땀 한 땀 기운 낡은 한 평생
이젠 눈길조차 풀려
텅 빈 우주 공간,
아시시 무심의 새싹 하나 올라온다.

보살피다

'보살피다'라는 말이
불교의 보살에서 나왔다는 것을
밭일 마치고 오는 길
라디오 방송에서 듣고 처음 알았다
그렇구나 내가 너를 보살피고
아무렴 네가 그를 보살피고
어미가 새끼를 품듯 그렇게
보살핀다는 것은 품는 것이다
왼손을 오른손이 품고
어린것은 어른이 품고
병든 사람을 건강한 사람이 품고
배부른 사람이 배고픈 사람을 품고
보이지 않는 사람을 보이는 사람이 품고
남쪽이 북쪽을 품고

품는 것이 생명을 낳는다

그릇

산사 아래 찻집의 나지막한 흙담 위
장식삼아 올려놓은 그릇들이 비를 맞고 있다.
큰 그릇 작은 그릇 손잡이가 떨어져 나간 그릇
구멍 난 그릇 각진 그릇 더러 멀쩡한 그릇
옹기종기 우수 비에 몸 맡기고 있다.
사람은 자기 그릇대로 산다는데*
네 그릇 작은가 큰가 멀쩡한가 어떤가
혹시 그 그릇 엎어져 있어 오랜만에 내리는 비
빗물 한 점도 못 받고 있지나 않은지
지금 가만히 나에게 묻고 있는 그릇들

---

* 雨寶益生滿虛空 衆生隨器得利益 (우보익생만허공 중생수기득이익)
중생 위한 법의 빗방울 허공에 가득하니 중생은 그릇(근기) 따라 이익
을 얻는구나 －의상대사〈법성게〉중에서

역마살

괴나리봇짐 메고
죽기 생전 한번 떠돌아보자
신혼 때 다짐한 말 이제사
늙은 부부 둘이 길 떠난다
두 번의 해직과 복직 지나
최루가스 자욱했던 먼 길 돌아
이사하고 전입 신고 열네 번
같이 산 사십 년 세월이 낡은
구두 깔창처럼 너덜너덜해질 때
몸 안 깊숙이 감춰둬 많이
저 홀로 외로웠을 녹슨 역마살
꺼내 둘이 말없이 길 떠난다
가다가 굴풋하면 식당에 들러
국수도 한 그릇 사 먹고
찻집 들러 쌍화차도 한 잔 마시고
절집 부처님께 눈인사도 하고
젊은 날 뜻 같이한 길벗 더불어
해 뜨면 꽃 핀 길 비 오면 흙탕길 걸어
가면 되지 뭐가 문제냐, 주눅 들지 않고
그렇게 하늘길 삼아

산을 오르며

누구나 마음속에
넘어야 할 산이 있다
간장 종지만 한 마음 씁씁이로
살아오면서 울컥울컥 올라오는 소가지
더러 가족들에게 부리고
오늘도 산을 넘는다
넘어도 넘어도 첩첩산
예순의 나이 지나도록
아직 허울과 명리의 옷
다 벗지 못하고
길 없는 길 넘다 보니
새 소리 하나가 목품 팔아
나를 위로해 준다
물소리 하나 따라오며 땀을 식혀 준다
산은 ㅅ과 ㅏ가 ㄴ과 얽혀 만들어졌구나!

내가 빚진 게 너무 많다.

딱따구리

사람들은 나무를 쪼아대는 딱따구리가 벌레를 잡기 위해 딱딱딱딱 딱딱딱딱 하는 것 같이 말해도, 나는 아무리 봐도 여생이 얼마 안 남은 늦깎이 스님이 딱딱딱딱 딱딱딱딱 목탁을 치며 부지런히 정진 수행하는 것 같다. 그렇지 않다면 온몸 던져 나무 울리는 저 소리가 어찌 저리 투명할 수 있으랴.

우리 제자

홍성 재래시장 한 귀퉁이에서
시어머니 가게 물려받아
야채 파는 우리 제자
온종일 집에서 얘기 나눌 사람 없는
장 보러 나온 할머니들과
이런 얘기 저런 얘기 들어주며
할머니들 막힌 속도 풀어주고
속맘 가려운 곳 긁어도 주는,
그러다 한 며칠 안 보이면
앓거나 돌아가신 거라고 담담히 말하며
씩씩하게 야채 파는 우리 제자

하루

살다보면 더러
내가 내 발 걸어 넘어지는 날이 있다.
하지 말았어야 했는데 후회하는 날
후회하는 그 마음 버리면 되는데
왜 그리 했을까 왜 그리 했을까
온종일 곱새기다 가는 하루가 있다.

개심사開心寺

구불텅구불텅 멋대로 자라
대체 어디에 쓰일까 싶은 나무도
어쩌다 눈 밝은 대목 만나
구불텅 절집에 자리 잡았다네
반듯반듯하고 각 딱딱 진 세상
살기 대간하고 팍팍한 날은
서산시 운산면 신창리 1번지
개심사로 검불처럼 슬쩍 묻어오시게
와서 공연히 마음 열라 애쓰지 말고
거기 구불텅 기둥 밑에다가 눈 딱 감고
옛다, 이제 나도 모르겠다
마음 한 지게 시원하게 부려놓으시게

제주 돌담길 걸으며

돌담에 쌓인 저 돌들 하나하나

눈 씻고 자세히 들여다보라,

이 세상에 아무도 하는 일 없이

헛되이 세월만 보내는 사람은 없다.

사람 ㅅ

사람 ㅅ 자를 보면
홀로 서지 못해
둘이 서로 기대 있다.
그걸 한참 바라보고 있자니
세상천지 온갖 것들
가진 것 조금씩 내어
나를 만들었구나
나랄 것 따로 없구나
이런 생각 들었다.

천등산天燈山

운주 장터 지나 천등산 가는 길
먼 옛날 저 아랫길로 동학군이 지나갔고
파르티잔도 경찰도 국군도 지나갔던 길
어린 나도 할머니 운주 장 따라갔던 길
거기 산길에 진달래 산벚꽃 조팝꽃 제비꽃
화안하게 산지사방 피어 있구나

힘든 시대를 건너왔다고,
할 만큼 했다고,
더는 미련 둘 게 없다고,

저마다 피운 등불 하나씩 들고나와
한데 모여 이렇게 하늘에다가
커다란 천등天燈 하나 내걸었구나!

네 안의 등불은 언제 켤거냐
그 꽃들이 손가락 들어 나를 가리킨다.

늙은 호박 두 통

 지금 나에게 평화는, 언덕배기에 드러누워 부끄럼도 내려놓고 누런 배 내놓은 채 이제는 할 일 다하고 시든 풀밭 바라보며 졸다 깨다 깨다 졸다 아무 생각 없이 그저 가을볕이나 넉넉히 쏘이는, 저기 저 늙은 호박 부부라네. 다른 것 그만두고. 다른 것 다 그만두고.

안부

겨울 지난 벤치코트처럼
나는 너무 무거웠다.
남들처럼 잽싸지도 약빠르지도 못하고
그 사이 어디쯤에서
대개는 엉거주춤 머뭇거렸다.
사람들이 밖을 향해 걸어가는 동안
나는 고장 난 잠수함처럼
안으로 안으로 가라앉다가
타클라마칸 사막 같은 세월 건너
낼모레 일흔 바라보는 나이
이제 거의 바닥에 닿은 듯하다.
두 손과 두 발
심부름꾼으로 고생했구나!
두 눈과 두 귀도 그간
소식 전하느라 수고 참 많았다.
늦깎이가 안부 전한다.

그런 사흘

볕 좋은 날 눈뜨면 호미 들고 나가 흙밭 가지락가지락 만지다 점심 먹으러 들어와 상추 된장으로 배 채우고 저녁 무렵 지는 해 바라보면 뭘 더 바랄까. 한 세상 살면서 더 누릴 것 없네. 그것으로 족할 뿐. 그런 사흘, 그뿐이라네.

유언

죽을 때 남기는 말이 유언이라면
"할 만큼 했다, 이제 그만 쉬고 싶다."
나는 이 두 마디 말을 하고 싶다.
그리 반짝거리지 않았어도
봄 여름 가을 겨울 다 거치며
나름 할 만큼 했고,
어깨에 진 짐 훌훌 벗고
이제는 그만 쉬고 싶은 것이다.

이만큼 와서 보니,
나에게 온 것은 모두 선물이었다.

금강
— 윤중호에게

그저 막걸리 서너 되에 취해
해장 길 안개와 하나가 되어
구석지고 가난한 마을 핥으며
비틀걸음으로 하나하나 찾아다녀
그리 대책 없이 넉넉하게도
오지랖 넓게 보듬고 쓰다듬다가
낄낄거리며 자네 가시는가
자네 어디로 돌아가시는가
영동하고도 심천 지프냇물
흐르는 강물 소리 여여하신가
강 건너 그대여, 지금 어떠신가
물수제비 뜨는 각도는 20°라네.

마음 하나 툭 터지면

어떤 스님이 조주 스님에게 물었다.
"개에게도 불성佛性이 있습니까?"
조주가 대답하였다.
"무無!"

마음 하나 툭 터지면
개도 없고 불성도 없다
묻는 중도 없고 조주도 없다
부처도 예수도 불교도 기독교도
세상천지 어디 그어놓은 선도 없고
그걸 보는 나도 없다
있다 없다 떠나면
온전한 일상日常은 보고 듣는 그대로
왼쪽 오른쪽 두 날개로 나는 새처럼
나무도 보고 숲도 함께 보면
일상은 언제나 날것 그대로
그 모양相과 이름名 너머
하느님 부처님 지혜 빌려다가
쪼가리 삶에 갇히지 않고
지금 여기 활발발한 일상을 살 뿐,

더도 덜도 아니다

지금 숲속에는
소나무 참나무 모두 울울하다.

시인

   시인이 별로 하는 일 없이 허송세월 보내는 것 같아도 아니다, 먼 길 가기 위해서는 힘을 좀 빼야 하듯 그가 길바닥 부딪치고 뒹굴며 남긴 어떤 시들은 등짝 후려쳐 우릴 정신 번쩍 나게 일으켜 세우고 어느 시 한 구절은 목구멍까지 올라온 슬픔 톡 터뜨려 기어이 어깨 들썩이게도 한다. 무소의 뿔처럼 평생 촉 하나 세우고 가는 시인이여, 사람의 한평생이 어디 뜻하는 대로만 되던가. 넘어지는 날 숱하고 낭패 보는 날도 태반이지. 우린 살면서 앞모습 보며 악수 나누지만 꾸밀 수 없는 뒷모습이 바로 진면목 아닌가. 저 돌담도 바람에게 가는 길 내어주듯 낭패와 엉뚱함과 뭐 하나 풀린 듯한 헐렁함이, 뒤안길에서 마주치는 막막한 슬픔의 시간이 우릴 깊고 멀리 가게 한다네.

제3부　지친 자의 길은 멀다

지친 자의 길은 멀다

산다는 게
허공에 점 하나 찍는 것인데
저녁이 어둑한 들길 걸어오면
외상 장부에 작대기 하나 긋듯
연필에 침 묻혀 점 하나 찍으며
나는 나에게 묻는다
오늘 하루 밥값은 했는가
이번 생애 진 빚 어느 정도 갚았는가
그러다 점도 찍기 힘든 날은
좀 봐달라고, 빈손이라고
저녁에게 안겨 사정하고 싶다.

어깨

단지, 들어만 주는 것이
그렇게도 어려웠을까
토 달지 않고 얘기 그냥 들어주는 것이
정말 그렇게도 어려웠을까
아내 말에 나는 언제나
따지고 결론 내리며 내 말을 했다.
말없이 기댈 어깨가 되지 못했다.

저녁이 슬며시 어깨를 내주는
해 질 무렵.

아내

배시시 웃고 있으나
속살엔 슬픔이 찰랑찰랑한 사람

세상의 각진 모서리에 부딪쳐
퍼렇게 멍든 슬픔 더러 넘쳐서
흐느낌과 비명 되어
새벽녘 꿈길로 되돌아오는 사람

손바닥으로 쓰다듬어보면
그래도 모서리가 많이 닳았다.

밥

밥은 길이다
밥을 같이 먹으면서
그 사람에게 가는
길이 생겨났다
그 길 가다보면 때로
버스 정류장도 있어
거기 낡은 나무의자에 앉아
오지 않는 사람을 기다리며
슬픔으로 습배인* 나무가
몇 그늘이다

이제까지
사람들과 같이 먹었던
밥은 몇 끼였는가
그 밥 이제
몇 끼나 남았는가

* 습배인: 스미어 배인. 스며들어 젖은.

저녁 햇살

떨어진 감꽃

밟으며,

우리 막내처럼

늦었다고 오종종종

뛰어가는 햇살

눈물

먼 길 온 자식 만나면
어머니는 눈물부터 흘리신다.
이런저런 얘기 끝에
우리가 도시 변두리 나와서 살 때
그때는 돈이 없어,
제대로 못 먹인 얘기 나오면
또 눈물 흘리신다.
저도 살기 힘든 날도 있었어요 하면
어머니는 다시 눈물 흘리신다.
그 흘린 많은 눈물이 어머니를 씻겨내서
내가 어머니를 안아 병상에 뉘일 때
참 가볍게 만든다.

냉장고 문 앞에서 길을 잃다

한평생 길을 찾아다니다가
예순 다섯 어느 날
문득,
냉장고 문 앞에서 길을 잃었다.
내가 무엇 하러 여기에 왔지?
찾는 것이 반찬인가 채소인가
아니면 무엇이지?
그 길은, 전교조 창립 당시 장학사 강요에 의해 탈퇴각서 받으러 먼 길 허위허위 달려오셔서 차마 그 얘기 할 수 없어 손녀 머리만 쓰다듬고 가신 초등학교 교감 선생님 우리 아버지의 뒷모습일까?
그 길은, 교육사회운동에 바빠 매일 밤늦게 들어오는 엄마 아빠 때문에 집 앞 가게에서 물건을 훔쳐서라도 엄마 아빠 관심을 끌려고 했던 초등학생 우리 딸의 훗날 고백일까?
불과 몇 걸음 사이에
디딘 땅이 푸욱 꺼진 것처럼 아득해져서
길을 잃고 잠시 생각해봤다.
예순다섯 어느 날

늦사과꽃

작은사과 따다 보니
옆 사과나무에 하얀 사과꽃 폈다.
그걸 보며 잠시 어이가 없어
뭔 해찰하다 이제사 피우는가
하다가, 아니다 아니다
뒤늦게 꽃 피우느라고 참 애썼다.
그러고 뒤돌아 생각하니
이적까지 살면서
언제 한번 나는 자식들에게
괜찮다 다 괜찮다 한 적 있었던가
키우면서 때로 맘에 안 드는 행동
말없이 따스하게 안아준 적 있었던가
뒤늦게 핀 사과꽃 보며
처음으로 나를 찬찬히 보았다.

못

낡은 나무문짝을 수리하다가
구석에서 구부린 채 녹슬어가고 있는
못을 보았다.
노인처럼 풍치에 흔들리는
나무문짝의 이빨을 보았다.
내가 중학생 무렵 가출했다 돌아왔을 때
따끔한 회초리 대신 말없이
뭔 일 있었냐는 듯 지켜만 보던
우리 아버지처럼 그렇게,
한때는 생나무판의 뒤틀림을 잡아주기도 했을 것이다.
이제 그 이빨 더 이상 나무를 물지 못해
가벼운 바람에도 삐걱대지만
그래도 몇 차례 태풍 견뎌내며
달아나려는 나무 조각 잡고 있었다.

한 짐

술에 취해 주사가 심한 그를
사람들은 한 짐이라 불렀다.
평소엔 색시처럼 얌전해
말도 귀 가까이 대고 조근조근 하던
그가 양말을 벗기 시작하면
사람들은 하나 둘 자리를 떴다.
오늘도 술에 취해 그는
끝내 양말을 벗었다.

누구나 한 짐 짊어지고 산다.

나도 누군가에겐
한 짐일 것이다.

벌새

"숲에 불이 나면
모든 동물이 도망간다.
그런데 달아나지 않고
숲을 지키는 동물이 있다.
벌새이다.
이 작은 새는
숲에 불이 나면 개울가에서
그 작은 부리로 물을 머금고 와
불붙은 나무 위에 뿌린다."

케냐의 여성 환경운동가 왕가리 마타이가
2004년 노벨평화상 수상 때 한 연설이라는
어느 신문 칼럼을 읽다가
나는 자꾸 눈물이 났다.
어느 성자님이 벌새의 모습으로 나투셨는가* 하고.

---

* 나투셨는가: 깨달음이나 믿음을 주기 위해서 사람들에게 나타나셨는가.

화두話頭

이반 일리치는 자신의 신념에 따라
오십대 중반부터 한쪽 뺨에서
자라기 시작한 혹을 치료하지 않고
살다 갔다고 한다.

일리치 선생님,
당신의 혹 때문에
멱살 잡고 몰아치는 세상
내 삶은 한 박자 느리게
갈 수 있었습니다.

가을 강

저고리 풀고
살 섞어
아들딸 낳고 살았다.

그 사이 몇 번
짐 보따리 쌌다
다시 풀다가,
이 생生에서
남은 인연의 끈
나비베* 마저 잘라주고.

억새가 야윈 손 흔들어주는
뒷산머리 해 질 녘
흰 머리칼 풀어
바다로 가는
저 해혼解婚의 강

---

* 나비베: 옛날에 저고리 옷섶을 세모꼴로 잘라주는 것으로 이혼의 물증을 삼았다 하는데, 이를 접포(蝶布) 또는 나비베라고 한다.

나는

빨랫줄 버팅기는 바지랑대다.

연산 장터 대장간의 망치 소리다.

애먼 산길 돌아나간 아린 목소리다.

여름 소나기 두들기는 벙어리 앞산이다.

비 오는 날 6천 원짜리 시래기 국밥이다.

막걸리잔 속에 뜬 수몰지 동네

무명 소맷자락 눈물 한번 훔치고

물속으로 돌아나간 고샅길이다.

계족산 황톳길

계족산 황톳길
맨발로 걷다가
얼굴부터 풀어져 나는
허허허허 虛虛虛虛
무장해제 되기 시작했네.
바람이 먼저 길을 내는 가을날
주위에 떨어진 밤송이 보고
"가다가 밤 가시 조심해요."
앞에 걷는 아내에게 한마디 했더니
내려오던 보살님이 그걸 듣고는
"밤 가시는 조심할 게 아니라 주워 버려야지!"
장군죽비 단칼에 내리치신다.
내 앞에 오체투지로 엎드린
황톳길 맨발로 걷다가
내 속 좁음을 이제사 고백한다.
— 안과 밖이 따로 있지 않다네.
바람이 법어 몇 소절 흘리고 가는
계족산 황톳길
맨발로 걷다가

전화번호

늙은 어머니 모시고
교통사고로 불편하신 이모를
뵙고 온 다음 날
이모가 내 전화번호를 알고 싶다고
어머니한테서 전화가 왔다.

그러고,
바쁘단 핑계로
홀로 누워계신 이모에게
전화를 못 드렸다.

결국,
이모가 돌아가시자
이종사촌 동생에게서 내 번호로
부음이 건너왔다.

이모가 끝내
저승까지 가져가버린
내 전화번호

첫눈 오시는 밤

첫눈 오시는 밤
중풍으로 쓰러진 우리 할머니마냥
뒤꼍의 감나무 가지가 살그래
불편한 팔을 뻗었다,
달도 뜨지 않는 밤
달 뜨는 쪽을 향해.
반평생 병든 남편 대신해
집안일 갈무리하다 끝끝내
낡은 옷 한 벌로 누운 할머니의
잠시 감은 눈 안에
시집와 물 끊긴 적 없는
마당가 우물
오래되어 바닥 알 수 없는
아삼삼한* 그리움의 냄새
한 대접 같이 퍼 올려서
첫눈 오시는 밤

* 아삼삼한: 생김새나 됨됨이가 마음이 끌리게 묘한.

겨울 눈

어쩌라고
눈은 내려
앞마당이 덮이고
흙담장이 덮이고
그러다
툭, 하고 빠진 이빨처럼
끝내 앞산 하나가
통째로 사라졌다.
겨울 눈은 자꾸자꾸
남아 있는 경계를 지운다.

내 이제까지 살아오면서
보이게 혹은 보이지 않게
사람과 사람 사이에
얼마나 많은 선을 그었든가
이제 나도,
경계를 지우고 싶다.

봄날

이른 아침

깰락 말락 사이

창밖 나뭇가지

보일락 말락 사이

마음 놓친 사이

우박처럼 쏟아지는 새소리

줍다가 온몸이 그만,

화알짝 열렸다.

봄날은 간다

감자 심고 와 일찍 잠든 날
뭔 꿈을 꾸시는가 늦게 잠든 아내가
엉엉 울며 한바탕 대성통곡을 한다.
꿈여 꿈, 이렇게 흔들어 깨우고 나니
이번엔 깔깔 낄낄 저 혼자 웃고 난리다.
이 사람이 드디어 미쳤나
뭔 꿈을 이리 대책 없이 꾸나
다시 흔들어 깨울라 하니
꿈에 짜장면 두어 젓가락 먹고 남긴 것
잠시 후 다시 먹으려고 찾으니 없어
누가 내 걸 먹은 거냐고 울다 깼단다.
그 얘길 듣고 둘이 낄낄대다 잠이 달아나
환갑 나우 지난 늙은 부부의
소쩍새 울음도 없이 봄날은 간다.

제4부 지친 자의 길은 멀다

엽서

무량사에 가더라도
대웅전 안 부처는 찾지 마시게
내가 누구냐 궁금하거든
뜰 앞에 선 채
비바람 맞으면서 더러
떠도는 먼지도 감싸면서
비비 틀려 옆구리뼈 앙상하게 드러난
목백일홍 한 그루
거기 하늘길 안부를 여쭤주시게

산다는 것

열과 성을 다해
열심히 가르치는 것이
훌륭한 선생인 줄 알았다.
일거리 집에까지 싸들고 와
그날로 처리하는 것이
제대로 일하는 공무원인 줄 알았다.
그 뒤안길에서
열과 성에 밟혀 얼마나
많은 인연들이 무너졌는가
얼마나 많은 허공들이
나에게 말도 못 붙이고
서먹하게 물러나야 했는가

정년을 앞둔 요즘

아아, 산다는 것이
그때그때 만나는
풀꽃이며 사람이며 허공이라는 것을 …….

참선하는 시계

안방 화장실
머리 위에 걸려 있는 시계
2시 7분을 가리키다 어느 때는
4시 52분을 가리킨다
아예 초침이 쉬었다 가기도 한다
나 정년퇴직까지
삼십여 년을 같이 보냈다
이제는 너도
네가 가고 싶은 대로
갈 때가 됐다
그렇다,
한세상 휘적거리다 보면
2시 7분이 4시 52분이다!

근심을 풀다

유치원 안 간다고
떼쓰는 손주처럼
버티며 애태우더니
따앙 ———————
가을 산방 양철지붕
상수리 떨어지는 소리에
화들짝 놀라
엉겁결에 쑤욱 미끄러져 나와
빙그레 웃는 고놈
해우解憂 한 덩이

하나로 묶인다

어떨 때
한 편의 시가 나를
흔들어댈 때가 있다.
그래서 오래 묵은 툇마루
거기 켜켜이 쌓인 슬픔처럼 왈칵,
걷잡을 수 없이 흔들릴 때가 있다.

어떨 때
오래된 책을 읽노라면
한 단어가 어떤 구절이
오래 부빈 살처럼
나를 안고 위로해줄 때가 있다.
괜찮다고 열심히 살았다고

세상은 이렇게
물색없이 뜬금없이
더러 상관 없고 있는 것들이 우릴
이렇게 하나로 묶는다
이렇게 하나로 묶인다

황홀

억병으로 취해
에이, 이젠 나도 몰라
내려놓다가 그만
풀벌레 소리에 발 걸려
여름이 진땀으로 만든 녹포대기
깔 맞춤한 풀밭으로 고꾸라졌다.
눈 떠보니 얼라,
그렇게나 애태우며
먼산바라기로 눈 맞추던 별이
몇 광년을 달려와
와락, 안긴다.

아저씨의 틀니

이 악물고 살았다
재혼한 어매 따라가
눈칫밥 먹다 뛰쳐나와
이 악물고 살았다
겨울바람 온몸으로 맞다가
중동 사우디 뜨거운 모래바람까지
이 악물고 살았다
한세상 멍석잠*으로 떠돌다
나보다 이빨이 먼저 갔다
일흔 중반을 바라보는 나이
이제 남은 것은
병든 몸 누인 집 한 채와
이 틀니 하나지

* 멍석잠: 너무 피곤하여 아무 데서나 쓰러져 자는 잠.

금마타리꽃

꽃이 핍니다.
스물넷에 떠난 사랑
아직도 잊지 못해
쉰이 넘은 지금도 혼자 사는
병수 아재
어릴 적 앓은 소아마비
남은 한쪽 다리로 버팅겨온
한 생애가 저렇게
노란 등불로 허공에 걸렸습니다.

봄비

누가
이리 두런거리는가

입춘 지나
갱년기로 잠을 설친 날

누가 밤을 새워
소식 전하러 왔는가

나도 이제 가는귀먹었다.

애장터에서

억하심정으로 내리는 눈

오리나무 옆에 받쳐진 지게 위

무명 포대기에 내리는 눈

흙을 파헤쳤다 메우고

파헤쳤다 메우고

한밤중이 기울고

오리나무도 기울고

끝내, 실성한 울음 위에

지게 목발 두드리며 내리는 눈

고향

예순 넘어 찾은 고향
울먹울먹 내리는 눈발 속에는
시래기죽 끓이는 냄새가 난다.

어릴 적 같이 나무를 탔던
친구들은 하나 둘
바람 부는 가을 녘
짚 검불처럼 떠나고

한데 샘 무밭 너머
저녁 먹어라아 ─────────
어머니가 부르던 소리
더 이상 들리지 않아

나이를 먹는다는 것은
외로움 한 바작*
어깨에 얹는 일이다.

* 바작: 지게에 얹어 짐을 싣는데 쓰는 소쿠리 모양의 물건. 발채.

낮술

바깥에는 종일 바람만 불고
낮술 한 잔에도 쉽게 취한다
이런 날은 손님도 들지 않아서
묵은 귓밥이나 후벼 파내며
할미 같은 주모와 마주 앉으니
낮술 앞에 놓고 얘기도 없이
술잔만 서로 마주 바래어
부연 탁배기 술잔 속에는
열여섯에 떠나온 주모의 고향
물에 잠겨 이제는 돌아갈 수 없는
가느뫼 뒷산 감꽃 떨어져
바깥에는 종일 바람만 불고.

수복이 아버지 가시던 날

어여 가소 어여 가소
여긴 아무 일 없응께
뒷집 수복이 아버지 운명하는 날
수복이 어머니 이렇게 달래도
목에까지 숨이 달그락달그락하면서
눈을 감지 못한다.
조합 빚이 무거워
영혼도 쉽게 뜨지 못하는 것인가
풋보리 같은 자식새끼들 오목가슴에 걸려
넋고개 훌훌 못 넘는 것인가
어여 가소 어여 가소
연방 안심시켜도
끝내 못 미더워
우는 자식들 힘없이 둘러보고 나서
열린 방문 너머로 보이는 보리밭
푸른 보리 물결에 눈을 주다가
고만 숨이 넘어가 버렸다.

폭설暴雪

살아생전 입맛만 다시던
맛 좋은 영광굴비
끄여 한 마리 잡숫지 못하고
외할머니 고만 돌아가시니
그것이 영 마음에 걸려
외삼촌은 볼일도 없으면서
장날이면 꼬박꼬박 장에 가시나
살아생전 입맛만 다시다
기어이 못 잡숫고 돌아가신 외할머니의
허옇게 센 머리카락 같은
폭설 헤치며

소금 창고

지금도 그곳에선
바람이 불 때마다
비명 소리가 나

줄줄이 묶여 끌려와
발버둥 치다 하얗게 쓰러지던,
어지럽게 널린 그날
고무신들의 아우성

지금도 그곳에선
해 질 녘 노을 아래
피 냄새가 나

이젠 다 지난 일이라고
저승꽃 핀 저 문짝처럼
기억조차 가물가물해진다고
지나가던 바람이 다독거리는 곳

바닷가 버려진
낡은 소금 창고

임리의 봄

내 돌아갈 노잣돈처럼
다순 햇살이 그렇게도 아쉬운 오후
잠깐 비치다 가는 햇살은
머리맡 물사발 속으로 가라앉는다.
겨울 한철 길뜨내기로
떠돌다 머문 이곳에서도
날은 다시 흐려지려나
신열은 잉잉 달아오르고
겨우내 속옷에 가려진 채
조금씩 부어오른 늑골에서는
기침 한 번 할 때마다
마른 살비듬만 부스스 쏟아져 내린다.
갑갑한 마음이 창문을 열면
아아, 저수지 둑 너머로 봄은 오는가
부옇게 쑥물 든 하늘 아래
이른 봄날 벌판 끝에는
마을 아이들만 울긋불긋 몰려나와서
냉이들만 그득 피어 팔려가누나.

운태 영감

무너진 울타리 근처
아무 데서나 피어난 맨드라미 보면
운태 영감의 붉은 얼굴이 생각난다.
육이오 때 피난 내려오다 홀로되어
어쩌다 이 동네 주저앉아
남의 집 머슴도 살고
남의 밭떼기도 빌려 일구며
코 흘리는 우리 조무래기들
코도 휑 풀어주고
쇠죽솥에 콩가지도 넣었다 주던,
장날이면 쇠전 근처에서 술에 취해
아무나 붙잡고 한 잔 더 하자며
두만강 푸른 물에 흥얼거리고
그 발길 정처 없던 운태 영감
섣달 장날 저물녘 길게 취해서
동구 밖 논두렁에 숨을 놓았다.

운태 영감 2

윗목에 더다 놓은 물이 어는 밤
멀리 쩌엉 쩌엉 강이 울었다.
저 소리가 무슨 소리냐고
자다 말고 엄니에게 물어보면
죽은 은태 영감이
강을 건너가는 소리라고 했다.
미처 눈 못 감은 영혼이
고향 찾아가는 소리라고 했다.
개마고원 삼수 갑산 지나
두만강 푸른 물 근동 어딘가
드디어 고향 찾아가는 소리라고 했다.
쩌엉 쩌엉 다시 강이 울면
꿈인 듯 꿈 밖인 듯
평생 지게 등짐 어깨에 배긴
옷이 하나가 절뚝절뚝
은태 영감을 부축하며 데리고 갔다.

저녁

초등학교 다니던 어린 시절
밭일 거들고 집에 와
밥이 다 되길 지루하게 기다리며
감꽃 주워 씹던 허기진 저녁
밥 짓는 연기가 고샅을 돌아
쌀뜨물마냥 낮게 깔릴 때
외양간 옆 낡은 바람벽에선
하루의 힘든 노동을 마치고
들판에서 돌아온 연장들이 서로
팔을 나눠 베고 나란히 누워
도란도란 얘기하다간 잠이 들지요
그러면 언제나 어머니처럼
뒤뜰 감나무가 그림자 늘여
말없이 포근한 이불 덮어줬지요.

벽지僻地 1

오늘은
과제물을 내지 않은 한 아이를 때리고
저녁 들판으로 나왔다.
엷어져가는 햇살 속에서
보리 베기를 마친 농부들이 하나 둘
집으로 돌아가고,
군데군데 개망초 무더기에 싸여
토끼풀을 뜯던 원뚝 아이들이
나와 마주치자
흰 이를 반짝이며 지나갔다.
무엇을 서두르는가
점심시간이면 몰래 교실을 빠져나와
학교 뒷산에서 어정대던 그 아이들을
아아, 나는 무엇에 쫓기고 있는 것인가
인가의 불빛도 아득한 이곳
축축해져 오는 보릿대 옆에 앉아
보리들의 가쁜 숨소리를 들으며.

벽지僻地 2

사루비아도 들국화도 피어 있는 화단
네가 없는 동안 더욱 웃자란 잡풀들을
수업이 끝나고 아이들과 함께 뽑아내며 나는
파랗게 풀물이 든 너의 손톱과 함께
끝내 돌아오지 않는 너를 생각했다.

차부 근처에서 너를 보았다는 아이도 있고
죽은 엄마가 계시던 남면 외갓집
거기에 가 있다는 말도 더러 돌지만
네가 가꾸다 간 잔디들을 보며
나는 아무 소문도 믿지 않았다.

늦가을이면 잡풀들의 뿌리도 깊어지는가
누렇게 마른 잡풀들을 잡아당기다 보면
애꿎은 대궁만 잘려나가고
깊이 감춰진 뿌리는 쉽게 뽑히지 않는다.

어느새 해는 기울고
길어진 채 서로 얼크러진 그림자들 속에서
아이들은 이제 작업도구를 챙기기 시작한다.

어두운 화단 한 구석에 모가지를 내민 채
쌀쌀한 바람 속에 서 있는 사루비아를 보며
오늘도 나는 힘없이 종례를 끝냈다.

벽지僻地 3

방학이라 아이들도 놀러오지 않는 교무실
톱밥 난로가 저 혼자 타고 있었다.
난로가 탈 때마다
풀풀 날리는 톱밥 먼지들이
마른 풀씨처럼 실내를 떠돌아다니는데
지금 내 앞에 고개를 떨구고 앉아 있는 아이는
저번 가을 집을 나갔던 대운이
추운 겨울날 국어 시간이면
네가 쓴 「칡」이라는 시를
낡은 칠판 가득 써놓고
다 함께 소리내어 읽으면서 우리는,
아직도 소식이 없는 너와 함께
어서 봄이 왔으면
어서 봄이 와 연한 새순들을 밀어낼
굵디굵은 그 구등박이*를 떠올리곤 했다.
텅 빈 교무실의 톱밥 난로는 다 타서
위에 쌓였던 톱밥 더미는 와르르 무너지는데
너는 갈라진 손등만 자꾸 가리려 하는데
나는 끝내 아무것도 물어볼 수가 없었다.

* 구등박이: 칡의 머리 부분.

해 설

살그래 다가가 기대고 싶은 저녁

김종도(작가)

시인이 가꾸는 시의 텃밭을 돌아보는데 문득 내 '등을 툭 치는' 낱말 한 잎은 '헐렁함'이었어요.

    저 돌담도 바람에게 가는 길 내어주듯 낭패와 엉뚱함과
    뭐 하나 풀린 듯한 헐렁함이, 뒤안길에서 마주치는 막막한
    슬픔의 시간이 우릴 깊고 멀리 가게 한다네.
                                         ―「시인」부분

곱게 여미어 비집고 들어갈 틈 한 올 없이 촘촘히 빛나던 그의 시가, 그가 쓰는 느릿한 충청도 말씨처럼 뭐 하나 풀린 듯 헐거워진 거예요.
시라는 글이 배워서 아는 거라면, 나는 제대로 시를 공부한 적이 없는 사람이에요. 어쩌면 느슨해지고 가벼워진 그의 시가, 나를 불러 이 자리에 앉히지 않았나 하는 생각마저 들어요.

그가 쓴 시는 주문을 걸어 두었거나 이리저리 헝클어 솜씨를 부린 글이 아니기에 따로 다리를 놓아 쉽게 풀어 이야기할 구석이 없어요. 아이들 말처럼 그저 몸에서 툭 터져 나온 말을 고스란히 옮겨 놓았을 따름이거든요.

 아이들이 내뱉는 말은 군더더기나 하찮아 보이는 말이 한 톨도 없잖아요. 그가 쓴 시를 마주하면, 시를 쓰는 일은 무게를 재어 말을 덜어내거나 앞뒤 꿰맞추는 짓이 아니라, 아이들이 처음 입술을 떼어 터뜨린 첫말을 되찾아가는 길이 아닌가 해요.

 그렇다고 그의 시가 쉽게 쓰여졌다고 얘기하려는 게 아니에요. 그가 쓴 시가 가닿은 그윽한 깊이는 나로서는 도무지 가늠하기 어려워요. 시인은 고요 속에서 길어 올린 첫말로 메마른 가슴을 촉촉이 적시고 있어요.

 그가 쓴 시가 그림이라면 여백이 깊고 시원스레 트여 있어요. 여백은 헐렁함의 또 다른 이름이 아닐까요. 그의 시에서 여백은, 짐짓 하고 싶은 말을 묻어 두거나 말을 줄이고 남은 빈자리가 아니에요. '흰 열무꽃 사이사이 꿀벌 나비 날 듯' 오히려 말없이 멈춰 기다리면서 바라보는 여백이 먼저 있어, 그 위에 시의 낱말들이 춤추며 시의 온몸이 출렁이지요.

　새로 이사 갈 집 보러 가서 아흔네 살 어머니 모시고 시
　내버스 정류장 알려 드리려고 함께 근린공원 걸어오는데,

문득 뒤가 허전해서 잠깐 뒤돌아보니 어머니는 저만큼 떨어져서 혼자 아장아장 걸어오신다. 내가 멈춰 기다리면서 바라보니, 어머니는 이쪽으로 걸어오면서 오래된 나무 만져도 보고 나무에게 뭐라고 중얼중얼하기도 하고 활짝 핀 목련꽃과 눈 맞추며 인사도 나눈다.

—「교감交感」 부분

세상을 느긋이 바라보는 시인의 따스한 눈길에서 터져 나오는 그의 시가, 사람들 가슴을 그으며 조용하면서도 깊은 울림을 주는 까닭이지요. 그의 시는 '감나무 가지 팔을 뻗어 살그래' 다가가 기대고 싶은 저녁이에요.

"종도야, 이 나이가 되니 시에 대해 무심해지네. 시가 나에게 오면 쓰고 안 오면 말고. 이제는 시보다 생명에 대해 생각하게 되대."

언제인가 시인이 내게 보낸 짧막한 글이에요. 그의 시, 벌어진 틈으로 '새끼손톱맨치로 조그만 새싹'이, 온갖 생명이 터져 나오는 소리로 가득해요. 그의 시는 무심 끝에서 피워낸 꽃 한 송이며, 새싹 하나가 떠받쳐 올린 우주예요.

아스팔트 길 한가운데 누워 저벅저벅 덮쳐오던 군홧발을 막아서던 시인의 젊은 날을 나는 또렷이 기억하고 있어요. 시인이 맨몸으로 지켜내려고 했던 것이 가냘픈 풀꽃 한 송이 아니었을까요.

　상추씨 아욱씨 덮는 그의 흙 묻은 손길이 '싱크대에서 흐르는 물살에 위태위태 매달려 있는 푸성귀'에게까지 닿아, '흐려진 별들 얼굴 눈물로 씻기며' 우리의 멍든 상처와 마음을 어루만져 주고 있어요.

　저만치 '외로움 한 바작' 지고 가는 시인의 뒷모습이 어른거리는 그의 시집을 손바닥으로 쓸어내리며, 내 가슴 저 켠 켜켜이 먼지 쌓인 편지 한 통을 꺼내 읽어요.

> '푸르른 나뭇잎은 한쪽 구석에 하느님의 이름이 새겨져 있는 향기로운 손수건이며, 하느님께서는 우리가 그것을 보고 그분을 생각하도록 일부러 나뭇잎을 떨어뜨려 놓은 것이다.'
> — 에르네스또 까르데날, 『침묵 속에 떠오르는 소리』
> (분도출판사, 1986)에서

　시인은 이런 눈으로 자연을 바라보고 세상을 마주하고 있구나. 땅바닥에 나뒹구는 나뭇잎들, 지금 여기 나날 속에 일어나는 작고 보잘것없는 것들을 주워 노래하고 있어요. 바람 소리, 딱따구리 소리, 양철지붕 상수리 떨어지는 소리에 귀가 열리고, 조그만 새싹, 빈 그릇, 구부린 채 녹슬어 가고 있는 못에서도 마음이 툭 터져, 시인의 눈앞에서는 하늘과 땅의 경계가 와르르 무너지지요. 꿈과 현실, 거룩함과

속됨 그 너머에서 '아시시' 피어나는 시인의 시는, 다 던져 버리고, 내려놓고, 한 박자 느리게 가는, 시인의 넉넉한 삶이 품어 낸 향기로운 편지예요.

   그러고 보면 그의 시는 헐렁해졌기보다는 먼 길 돌아와 헐렁함을 얻었다고 해야 할 것 같아요. 헐렁함 사이로 바람이 불어 들고 꽃이 피고 그의 시가 숨 쉬고 꿈을 꾸고 있어요.
   그의 나이 허어연 억새꽃 날리며 저무는 강을 지그시 바라보고 있다지만, 그의 시는 '뭇 꽃 저리 피어나 새새대며 옹알이하는', 무릎 꿇고 무조건 항복하고 싶은 봄날이에요. 이제 헐렁함이란 말조차 여의고, 오고 감도 없는 곳에서, 흘러내리는 산자락 몸에 감고 훨훨 곱고 슬픈 춤 한 사위 추시기를.

   '살그래, 새새대며, 아시시'라는 낱말처럼 이 글에 쓴 말들은 거의 그의 시에서 빌려왔지만, 다시 그의 시로 인사드려요.

> 고맙다 고맙다 고맙다
> 네가 있어 참 고맙다
> 무작정 아무에게나 절하고 싶은 날
> 　　　　　　　　　　—「절하고 싶은 날」에서